달미네서
맛있는 파티를
벌이자!

## 침이 꼴깍
# 음식물 쓰레기 파티

**와이즈만 환경과학 그림책**은 우리 환경, 푸른 지구를 지켜 나가는 길을 함께 찾아가는 시리즈입니다.

와이즈만 환경과학 그림책 ⑱
## 침이 꼴깍 음식물 쓰레기 파티

초판 1쇄 인쇄 | 2024년 3월 8일
초판 2쇄 발행 | 2025년 6월 30일

강경아 글 | 이경석 그림 | 와이즈만 영재교육연구소 감수
발행처 | 와이즈만 BOOKs
발행인 | 염만숙
출판사업본부장 | 김현정
편집 | 김예지 양다운 이지웅
표지 디자인 DESIGNPURE | 본문 디자인 이진숙
마케팅 | 강윤현 백미영 장하라

출판등록 | 1998년 7월 23일 제1998-000170
제조국 | 대한민국
주소 | 서울특별시 서초구 남부순환로 2219 나노빌딩 5층
전화 | 마케팅 02-2033-8987 편집 02-2033-8928 팩스 | 02-3474-1411
전자우편 books@askwhy.co.kr | 홈페이지 mindalive.co.kr
사용 연령 | 5세 이상
ISBN 979-11-92936-30-7  978-89-89415-85-5(세트)

저작권자 ⓒ 2024 강경아 이경석
이 책의 저작권은 강경아, 이경석에게 있습니다.
저자와 출판사의 허락 없이 내용의 일부를 인용하거나 발췌하는 것을 금합니다.

잘못된 책은 구입처에서 바꿔 드립니다.

와이즈만 BOOKs는 (주)창의와탐구의 출판 브랜드입니다.
KC마크는 이 제품이 공통안전기준에 적합하였음을 의미합니다.

# 침이 꼴깍
# 음식물 쓰레기 파티

강경아 글 | 이경석 그림
와이즈만 영재교육연구소 감수

와이즈만 BOOKs

오늘은 '달미 쿡쿡' 방송이 있는 날!
달미가 허겁지겁 휴대폰 카메라를 켰어.
식재료가 상한 게 있어 손질하느라 조금 바빴거든.
자! 이제 화면을 밝게 조절하고…… 준비됐어!
"안녕, 나 꼬마 요리사 달미!
오늘은 감자 샌드위치를 만들 거야."

댓글 창에는 온통 파리 얘기뿐이었지.
당황한 달미가 파리를 쫓으려 손을 휘휘 저었지만
파리들은 여전히 주방을 왱왱 맴돌며 달미의 신경을 건드렸어.
약이 오른 달미가 스프레이 파리약을 찾아 왔어.
"너, 가만두지 않을 거야!"

우당탕탕!
휘청거리던 휴대폰이 바닥에 떨어지며
씽크대 안 마구 버려진 식재료와 다용도실을 잠깐 비췄어.

**닉없음** 파리부터 잡아야 하는 거 아님?

**뽕순이** 파리가 있으면 음식물 쓰레기가 많다는 거래.

**하트사랑** 우아! 다용도실 봤어?

"너 때문에 내 방송 다 망쳤잖아!"
화가 난 달미가 파리를 내리치려 할 때였어.

깜짝 놀란 파리는 앞발을 비비며 주문을 외웠지.
"왱! 왱! 왜애애앵!"
그러자 파리와 달미의 몸이
휴대폰 화면 속으로 빨려 들어갔어!

"앗! 나만 사라져야 하는데……."
파리는 무언가 잘못됐다는 걸 바로 알아챘어.
주문을 외는 순간 달미의 손바닥이 파리의 몸에 닿은 거야.

달미가 어리둥절한 표정으로 주위를 둘러봤어.
달미의 머리 위로는 댓글들이 쭉쭉 올라가고 있었지.
"이게 대체 어떻게 된 거야?"

달미가 파리에게 따지듯 물었어.

달미는 파리의 말을 듣고 보니 댓글이 신경 쓰였어.
"나를 내보내 줘! 얼른."

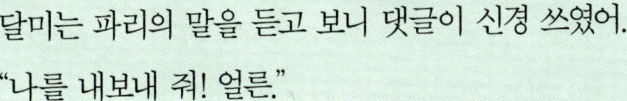 하트사랑 파리는 왜 나온 거임???

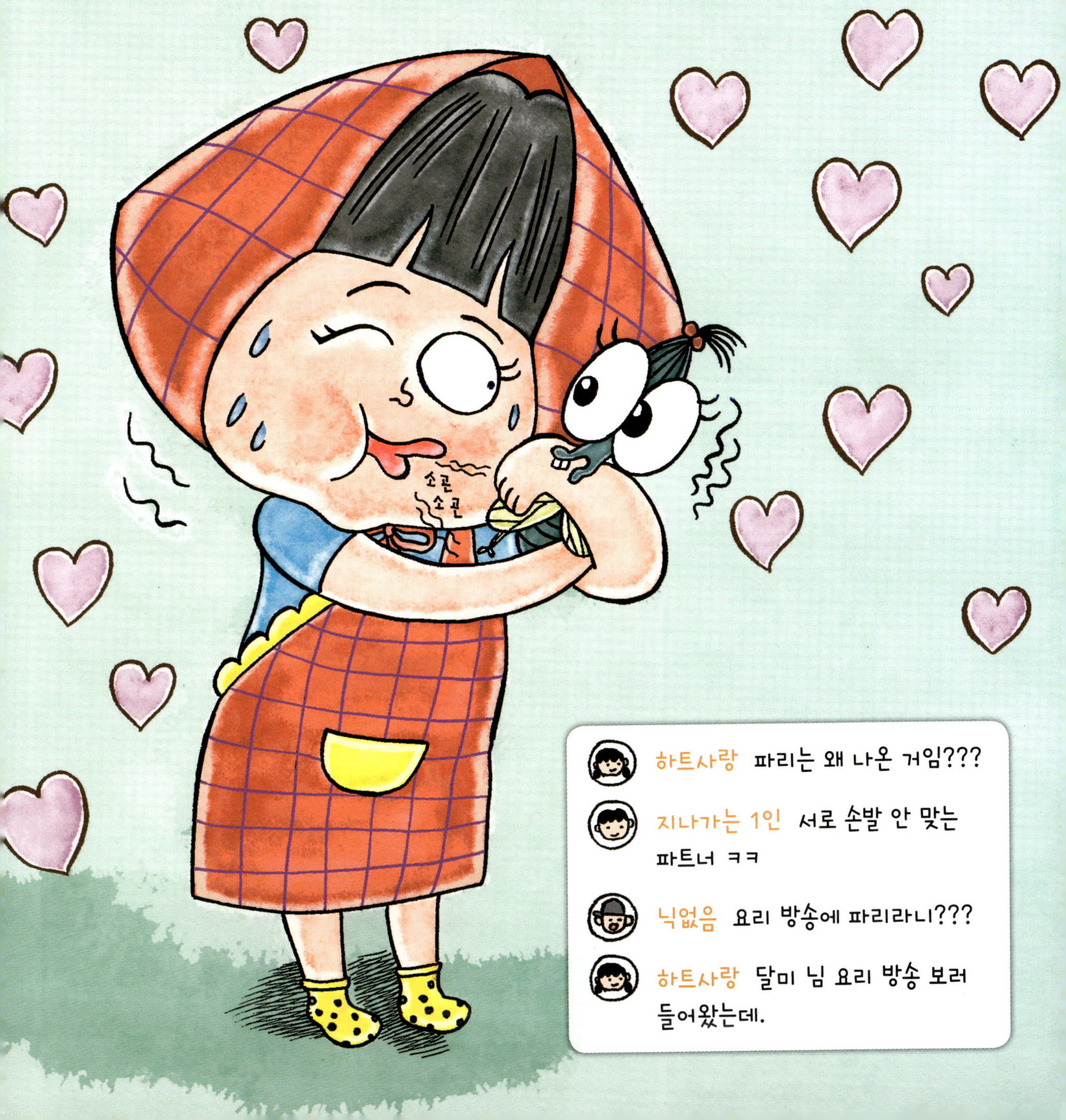

지나가는 1인 서로 손발 안 맞는 파트너 ㅋㅋ

닉없음 요리 방송에 파리라니???

하트사랑 달미 님 요리 방송 보러 들어왔는데.

"나는 파리 마법학교에서 최고의 파리상을 수상한 왕파리야.
너희 집에 먹을 게 많아서 파티를 하려고 모였는데……."
달미가 당황한 표정으로 왕파리의 말을 끊었어.
"잠깐! 마법? 우리 집에 파리가 먹을 게 많다고? 아니야."
"넌 상했다고 버렸지만 나에겐 맛있는 냄새가 나던걸?"
"그건 음식물 쓰레기야! 아주 쪼오오금이라고."
"뭐? 우리가 먹는 걸 쓰레기라고?"
왕파리는 잠시 발끈했다 다시 침착하게 말했어.
"물론 넌 조금이라고 생각하겠지. 그런데 정말 그럴까?"

1인당 하루
음식물 쓰레기 배출량
368~500그램

서울시 하루
음식물 쓰레기
배출량
2,827톤

"음식물 쓰레기는 나올 수밖에 없어. 과일이나 감자, 양파 껍질은 못 먹잖아. 조개껍데기나 달걀 껍데기, 닭 뼈다귀는 또 어쩌고!"
달미는 속이 부글부글 끓었지만 방송이니까 꾹 참았어.
"근데 너 닭 뼈다귀도 음식물 쓰레기통에 버린 적 있지 않아?"
"뼈다귀는 음식물 쓰레기 아니거든! 내가 그런 것도 모를까 봐!"
달미는 왱파리에게 지지 않고 대꾸했어.

# 왱파리의 헷갈리는 음식물 쓰레기 분리법

음식물 쓰레기는 동물 사료로 쓸 수 있는지 없는지가 중요해.
동물이 먹을 수 있는 것만 음식물 쓰레기에 버려야 하지.
모아진 음식물 쓰레기는 처리 과정을 거쳐서 사료나 퇴비로 사용되는데,
지자체마다 분류 기준이 다르니 확인해 보는 게 좋아!

## 음식물 쓰레기가 아닌 것들

**채소류** : 파 뿌리, 양파, 마늘, 옥수수 등의 껍질

**견과류·과일류** : 호두, 땅콩 등의 딱딱한 껍데기, 과일 씨

**육류** : 돼지, 닭 등의 뼈다귀와 털

**갑각류·어패류** : 조개, 게 등의 껍데기, 생선 뼈

**기타** : 달걀 껍데기, 티백, 약

잠깐! 껍질은 일반 쓰레기로 생각할 수 있지만 껍질 중에서도 얇고 무르거나 분쇄가 가능한 것은 음식물 쓰레기로 분류돼.

- 바나나 껍질
- 수박 껍질
- 멜론 껍질
- 사과 껍질, 귤 껍질
- 감자 껍질, 고구마 껍질

> 흥! 나도 다 알거든.

**하트사랑** 와~ 달미 님 많이 안다. 역시 요리사!

**뽕순이** 퀴즈 내~ 퀴즈 내~

**왕팬** 이번은 달미 님 승!

"음식을 많이 남기는 것도 음식물 쓰레기를 만드는 일이지. 너 지난 주말에 엄마 아빠랑 어디 갔더라?"
"지난 주말? 뷔페에 갔었는데."
달미는 무얼 잘못했는지 떠오르는 게 없었어.
"달미야, 넌 어디서든 먹을 걸 꼭 남기더라."
왱파리가 씨익 웃으며 리모컨을 눌렀어.
그러자 지난주 달미 모습들이 짠 나타났어.

더러운 음식물 쓰레기 영상에 구독자들이 실시간으로 줄어들었어.

"이제 더러운 음식물 쓰레기 얘기는 그만해!"
달미의 말에 왱파리가 억울하다는 듯 소리쳤어.
"그러니까 왜 바로 갖다 버리느냐고? 나 좀 먹게 내버려 두지!
하루 이틀 지나면 음식물 쓰레기에서 국물이 생기면서 먹기 딱 좋은데!
침을 뱉어 녹진녹진하게 녹여 먹을 필요도 없고!
우리 생각은 안 하고, 금방 갖다 태우는 건 너무한 거 아냐?"

순간 달미의 눈이 커졌어.
"음식물 쓰레기를 태운다고?
물기 많고 냄새도 많이 나는데?"

뽕순이 달미 님, 나도 처음 알았네요.

닉없음 와! 밤마다 사라지는 음쓰는 어디로 갔을까?

왕팬 파리가 거짓말하는 거 아냐?

"그래, 아주 높은 열로 바짝 태운다고! 여길 봐!"

왱파리가 새로운 동영상을 켜자 구독자들이 다시 들어오는 거야.

달미의 입꼬리가 살짝 올라갔어.

동영상 화면에는 음식물 쓰레기를 가득 실은 수거 트럭들이 보였어.

수거 트럭이 줄지어 도착한 곳은 음식물 쓰레기 자원화 시설이야.

음식물 쓰레기 자원화 시설에서는 음식물 쓰레기를 분주하게 분류하고,

태울 수 있는 건 높은 열로 쉴 새 없이 태우고 있었어.

그 많던 음식물 쓰레기가 갈색의 바짝 마른 가루가 되어 커다란 자루에 담겼지.

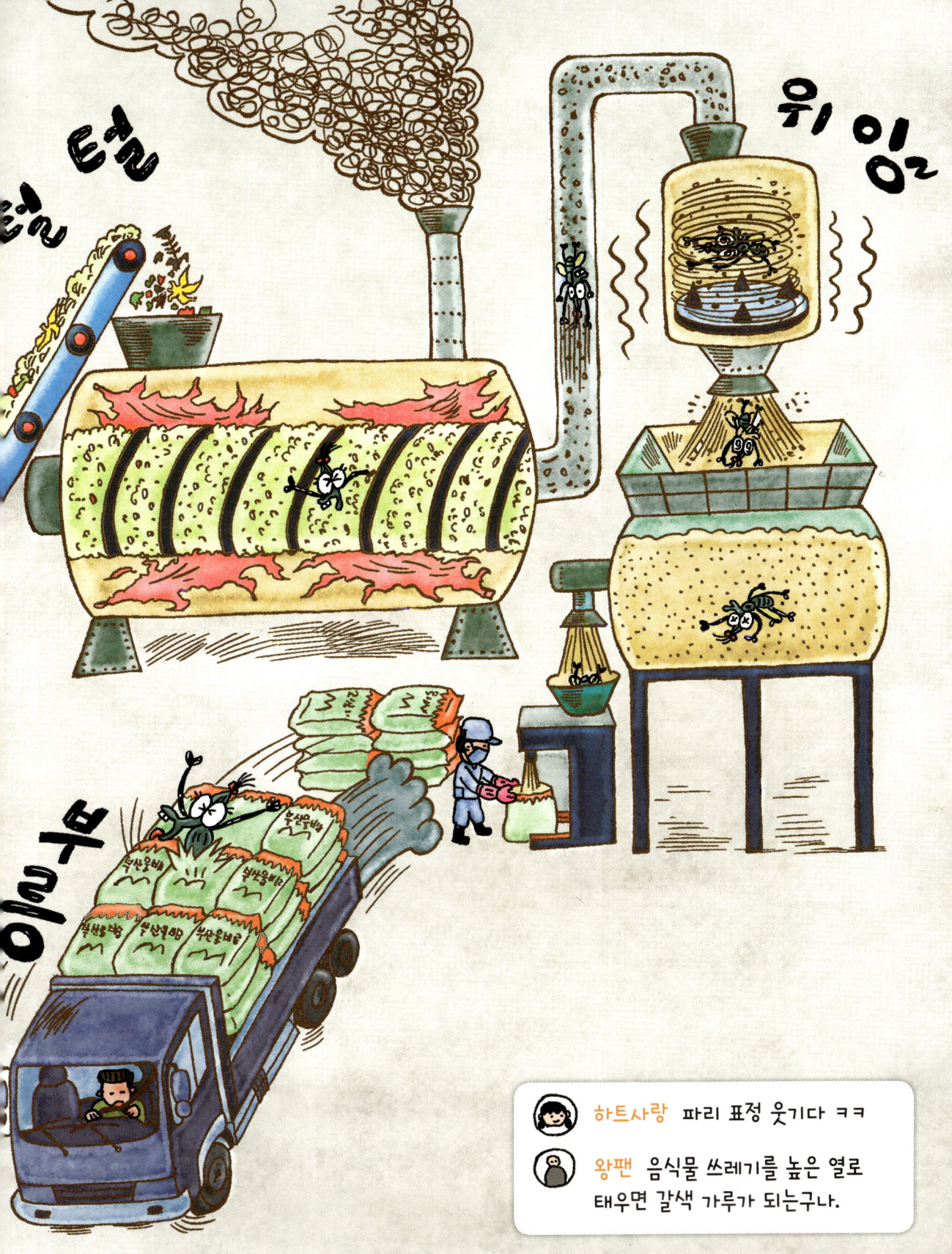

"음식물 쓰레기가 가루가 되니 깨끗하고 냄새도 안 나고 좋은걸!"
달미의 말에 왱파리는 단단히 토라진 듯 보였어.
그 모습을 본 달미는 이내 왱파리를 치켜세우며 말했지.
밖으로 나가려면 왱파리의 도움이 필요했거든.
"너 진짜 많이 아는구나. 그럼 갈색 가루는 어떻게 사용되는데?"

달미의 칭찬에 왱파리는 금세 우쭐해졌어.
"갈색 가루는 식물의 퇴비나 동물 사료로 쓰이기도 해."
달미는 깜짝 놀랐어.
"동물들이 음식물 쓰레기로 만든 가루를 먹는다고?"

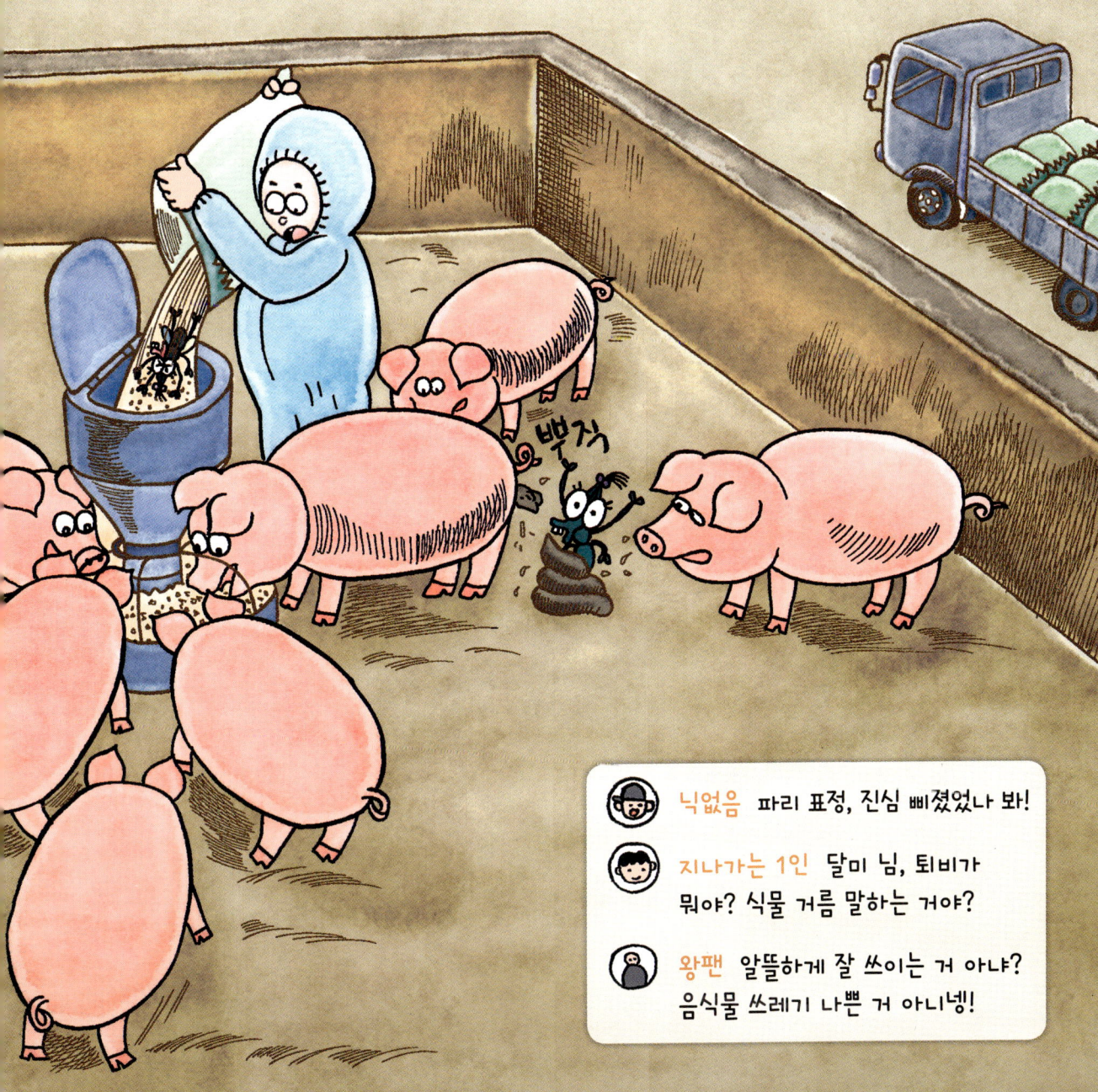

닉없음 파리 표정, 진심 삐졌었나 봐!

지나가는 1인 달미 님, 퇴비가 뭐야? 식물 거름 말하는 거야?

왕팬 알뜰하게 잘 쓰이는 거 아냐? 음식물 쓰레기 나쁜 거 아니넹!

땅이 움찔움찔 움직이더니 지렁이가 머리를 쏙 내밀었어.
"사람들이 우리한테 거름 되는 흙 만들라고 이것저것 주는데,
제발 아무거나 땅에 묻지 않았으면 좋겠어.
우리도 소금기 많은 짠 거, 고춧가루 묻은 매운 거,
기름기 많은 거 못 먹거든. 우리 입맛도 존중해 줄래?"

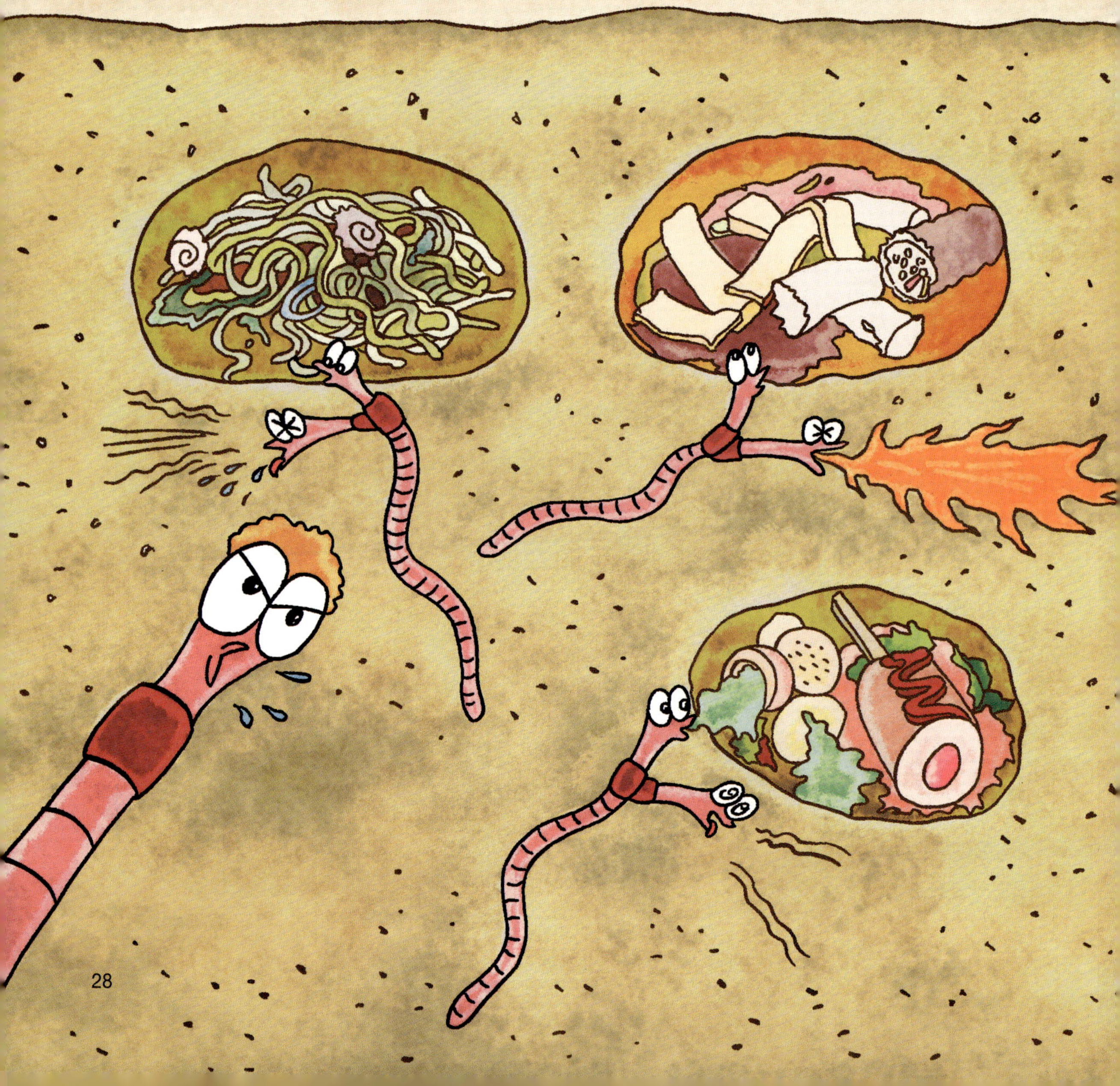

그때 또 다른 지렁이 한 마리가 머리를 빼꼼 내밀었어.
"어떤 지역은 음식물 쓰레기를 그대로 땅에 묻어.
그걸 퇴비로 만들어 농작물을 키운대."
"농작물? 우리가 먹는 것을 음식물 쓰레기로 키운단 말이야?"
달미의 얼굴이 일그러졌어.

> 하트사랑 우리 학교도 지렁이 상자 키운 적 있었는데…… 과일 채소만 줬던거 같아.
>
> 왕팬 아무거나 땅에 묻으면 안 되는 거구나.

또 다른 지렁이가 심각한 표정으로 말했어.

"음식물 쓰레기를 땅에 묻는 건 음식물 쓰레기가 너무 많기 때문이야. 음식물 쓰레기가 썩으면서 침출수가 나오는데, 그게 빗물과 섞여 강으로 흘러가기도 해. 그 강물을 끌어다 농작물에 물을 주고, 농장의 동물들에게도 줘. 저 돼지가 얼마나 물을 많이 먹는 줄 알아?"

왱파리는 돼지의 먹이통을 바라보며 침을 꼴깍 삼켰어.

"자, 잠깐만!
아까 음식물 쓰레기는 태운다고 하지 않았어?"
"아차차! 말하지 않은 게 있네!"

음식물 쓰레기가 가정과 식당에서만 나오는 건 아니지!
마트에서 팔리지 않는 못난이 농작물이나 팔다가 남은 건 그대로 땅에 묻기도 해.

"우리가 뭔 죄야. 못생겨도 맛은 똑같은데……"

또 자원화 시설에서도 태우지 못하고 남는 음식물 쓰레기가 있어.
매일같이 쌓이고 쌓여서 결국 음식물 폐수, 그러니까 음폐수가 엄청 생기는데
그걸 바다에 몰래 갖다 버리는 곳도 있대. 그 아까운걸!

## 왱파리의 런던 협약 요약!

음식물 쓰레기통이 10개가 있어. 그중 7개는 태울 수 있는 거야. 그 7개도 가정과 식당에서 대부분 나오는 거지.

나머지 3개는 태우지 못하고 계속 쌓여 가다가 그 안에 음식물 쓰레기 폐수가 80퍼센트 이상 되면 바다에 갖다 버렸어.

하지만 해양 오염 문제로, 우리나라는 2009년 런던 협약에 가입하면서 음폐수를 바다에 버릴 수 없게 됐어.

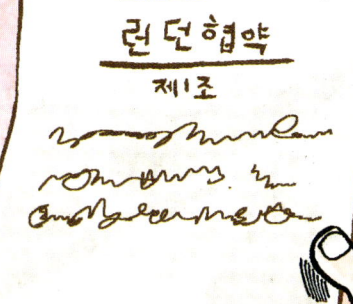

대신 음폐수는 여러 처리 과정을 거쳐 바이오가스로 만들어 자원화하고 있대.

나 알 것 같아! 어떻게 해야 하는지!

 하트사랑 몰래 바다에 버리면 안 되지!

 닉없음 으! 조개구이 먹고 싶은데!

 왕팬 달미 님, 뭔데 뭔데??

"뭘? 어떻게 할 건데?"

왱파리가 화들짝 놀라며 말했어.

달미는 무언가 결심한 듯 단호한 표정이었어.

"음식물 쓰레기가 많아서 문제라면……."

# 줄이면 되잖아!

- 🧑 **닉없음** 거꾸로? 그럼 쏟아지는 거 아닌가?
- 🧒 **지나가는 1인** 파리는 음식물 쓰레기 줄인다니 당황했네 ㅋㅋ
- 🐧 **왕팬** 나도 음쓰 줄이기 적극 행동하겠음!!

"왱파리, 밖으로 빨리 나가자!
나 할 일이 많을 거 같아!"

왱파리는 다시 앞발을 비비기 시작했어.
더듬이에서 마법 에너지가 느껴졌지.
왱파리가 주문을 외웠어.

멀리서 달미의 모습을 보던 왱파리가 종알거렸어.
"이제 달미의 집을 떠나야 하나……."

며칠 후, 달미가 '달미 쿡쿡' 방송을 켰어.
"안녕, 나 꼬마 요리사 달미!
오늘은 바나나 견과류 요거트를 만들어 보려고 해.
요거트는 소비 기한을 확인해야 해!
여기 뚜껑에 날짜 보이지?"

유통 기한은 제품이 공장에서 나와 소비자에게 판매될 수 있는 날짜를 말해요.
소비 기한은 제품을 구입해서 먹을 수 있는 기간을 말하지요. 제품을 먹어도
건강이나 안전에 이상이 없을 것으로 인정되는 기간이니 안심하고 먹어도 돼요.
2023년부터 제품에 유통 기한이 아니라 소비 기한으로 표시하고 있어요.

**우리나라만 음식물 쓰레기가 있나요? 다른 나라는 음식물 쓰레기를 어떻게 처리하는지 궁금해요.**

음식물 쓰레기는 나라마다 양이 많거나 적은 차이는 있지만, 어디든 다 있어요. 문제는 현재 지구상에서 생산되는 음식물의 3분의 1은 그대로 버려지고 있다는 거예요. 그중에는 충분히 먹을 수 있는 것들도 많아요. 환경 오염이 심각해지자 나라마다 음식물 쓰레기 양을 줄이기 위해 노력하고 있어요. 중국은 인구가 많고, 음식을 많이 시킨 뒤 남기는 문화 때문에 음식물 쓰레기가 많았어요. 하지만 요즘에는 음식물 쓰레기를 마구 버리면 벌금을 내야 한대요. 일본이나 독일은 음식물 쓰레기를 직접 건조시켜 정원이나 텃밭 퇴비로 사용하거나 농촌 지역에서는 태우기도 한대요.

우리 집 싱크대 아래 음식물 분쇄기에 음식물 쓰레기를 넣어도 되는 건가요?

싱크대 배수구 아래에 음식물 쓰레기를 갈아서 그대로 하수도로 흘려보내는 기계를 디스포저 방식이라고 해요. 되도록 쓰면 안 돼요. 왜냐하면 갈아진 음식물 찌꺼기를 그대로 하수도로 버릴 경우, 하수도가 막혀 문제가 생기기 때문이에요. 하수 처리 과정에서 화학 약품과 정화 과정에 엄청난 비용이 들어가기도 하고, 수질 오염을 일으키기도 한답니다.


다 먹을 수 있을 거 같은데 배부르면 못 먹겠어요. 먹을 게 부족한 나라 어린이 생각도 나고요. 제가 할 수 있는 방법이 있을까요?

저도 그렇답니다. 배가 고플 땐 많이 먹을 수 있을 것 같고, 맛있는 게 있으면 더 욕심을 부리게 돼요. 우리는 냉장고가 있기 때문에 남은 음식물을 버린다는 생각을 덜 하잖아요.

그런데 당장 먹을 게 부족한 나라에서는 생산되는 식량을 이동할 수단이나 저장할 방법이 없어서 버려지는 것들이 많대요. 안타까운 일이에요. 외국은 공유 냉장고, 나눔 마켓이라는 게 있다는데, 우리도 음식 나눔을 하는 데 열린 생각을 가지고 있다면 행동으로 옮길 수 있지 않을까요?

### 왕파리 쇼, 또 언제 해요?

왕파리를 만난 건 정말 우연한 이벤트였어요. 덕분에 음식물 쓰레기를 잘 버리고 환경을 건강하게 지켜야겠다고 생각했답니다. 달미의 방송을 매일매일 봐 주세요! 혹시 또 왕파리가 왱 날아올 수도!

### 글 강경아

아이들을 키우면서 환경을 좀 더 깊이 바라보게 되었어요. 더불어 사는 세상, 함께 사는 세상을 꿈꾸며
글을 쓰고 있어요. 지은 책으로는 《1억 년 전 공룡오줌이 빗물로 내려요》, 《빛공해, 생태계 친구들이
위험해요!》, 《거북이를 맛있게 먹는 방법》, 《까불이 1학년》, 《음치 평숙이 소리꾼 되다》,
《이끼야 도시도 구해 줘!》 등이 있습니다.

### 그림 이경석

기발하고 웃음 가득한 그림을 그리고 싶은 만화가 일러스트레이터입니다. 만화책 《좀비의 시간》,
《을식이는 재수 없어》 등을 쓰고 그렸으며, 그린 책으로는 《구드래곤》, 《쌍둥이 탐정 똥똥구리》,
《통신문 시리즈》, 《하루 15분 질문하는 세계사》, 《말똥밭의 소똥구리》, 《한글 탐정 기필코》,
《외계인 세쌍둥이 지구에 떨어지다》, 《아토모스 기사단》, 《꿀벌들아 돌아와!》 등이 있습니다.

### 감수 와이즈만 영재교육연구소

창의 영재수학과 창의 영재과학 교재 및 프로그램을 개발했습니다. 구성주의 이론에 입각한 교수학습
이론과 창의성 이론 및 선진교육 이론 연구 등에도 전념하고 있습니다. 국내 최고의 사설 영재교육 기관인
와이즈만 영재교육에 교육 콘텐츠를 제공하고 교사 교육을 담당하고 있습니다.

자연에 대한 감수성을 키워 주는
# 와이즈만 환경과학 그림책 시리즈

### ❶ 우주 쓰레기
고나영 글 | 김은경 그림 | 와이즈만 영재교육연구소 감수 | 60쪽

### ❷ 똥장군 토룡이 실종 사건
권혜정 글 | 소노수정 그림 | 와이즈만 영재교육연구소 감수 | 80쪽

### ❸ 누가 숲을 사라지게 했을까?
임선아 글·그림 | 와이즈만 영재교육연구소 감수 | 56쪽

### ❹ 명품 가방 속으로 악어들이 사라졌어
유다정 글 | 민경미 그림 | 와이즈만 영재교육연구소 감수 | 48쪽

### ❺ 1억 년 전 공룡 오줌이 빗물로 내려요
강경아 글 | 안녕달 그림 | 와이즈만 영재교육연구소 감수 | 58쪽

### ❻ 푸른 숲을 누가 만들었나?
유다정 글 | 민경미 그림 | 와이즈만 영재교육연구소 감수 | 40쪽

### ❼ 장군바위 콧수염
김고운매 글 | 이해정 그림 | 와이즈만 영재교육연구소 감수 | 60쪽

### ❽ 닥터 홀의 싱크홀 연구소
최영희 글 | 이경국 그림 | 와이즈만 영재교육연구소 감수 | 48쪽

### ❾ 꿀벌들아, 돌아와!
홍민정 글 | 이경석 그림 | 와이즈만 영재교육연구소 감수 | 48쪽

### ❿ 빛공해, 생태계 친구들이 위험해요!
강경아 글 | 김우선 그림 | 와이즈만 영재교육연구소 감수 | 44쪽